BEI GRIN MACHT SICH IHR WISSEN BEZAHLT

- Wir veröffentlichen Ihre Hausarbeit, Bachelor- und Masterarbeit

- Ihr eigenes eBook und Buch - weltweit in allen wichtigen Shops

- Verdienen Sie an jedem Verkauf

Jetzt bei www.GRIN.com hochladen
und kostenlos publizieren

Alexandra Köhler

Places to go in Wales - Unterrichtseinheit für eine 6. Klasse (Realschule) im Fach Englisch

GRIN Verlag

Bibliografische Information der Deutschen Nationalbibliothek:

Die Deutsche Bibliothek verzeichnet diese Publikation in der Deutschen National-
bibliografie; detaillierte bibliografische Daten sind im Internet über http://dnb.d-
nb.de/ abrufbar.

Impressum:

Copyright © 2008 GRIN Verlag GmbH
Druck und Bindung: Books on Demand GmbH, Norderstedt Germany
ISBN: 978-3-656-36764-2

Dieses Buch bei GRIN:

http://www.grin.com/de/e-book/205670/places-to-go-in-wales-unterrichtseinheit-
fuer-eine-6-klasse-realschule

GRIN - Your knowledge has value

Der GRIN Verlag publiziert seit 1998 wissenschaftliche Arbeiten von Studenten, Hochschullehrern und anderen Akademikern als eBook und gedrucktes Buch. Die Verlagswebsite www.grin.com ist die ideale Plattform zur Veröffentlichung von Hausarbeiten, Abschlussarbeiten, wissenschaftlichen Aufsätzen, Dissertationen und Fachbüchern.

Besuchen Sie uns im Internet:

http://www.grin.com/

http://www.facebook.com/grincom

http://www.twitter.com/grin_com

Unterrichtsentwurf anlässlich eines Beratungsbesuches im Fach Englisch

Thema der Unterrichtseinheit: A weekend in Wales (Unit 4 im Lehrwerk English G 21 B2)

Thema der Unterrichtsstunde: Places to go in Wales (Einführungsstunde)

1.) Einordnung der Stunde in die Unterrichtseinheit:

1.) **Places to go in Wales (1 Std.)**
2.) Talking about weekend trips (2 Std.)
3.) Caerphilly Castle (1 Std.)
4.) Dan and Jo visit their grandpa in Wales (2 Std.)
5.) Dan is sick (2 Std.)

2. Groblernziel:

Die Schüler können den Text „*Wales*" lesend verstehen und über Teilaspekte des Textes mit ihren Mitschülern kommunizieren.

2.1 Feinlernziele der Stunde:

1.) Die Schüler sollen mit Hilfe eines Songs und eines Bildes Vermutungen zu dem Inhalt des Textes „*Wales*" äußern, indem sie diese im Partnergespräch verbalisieren.
2.) Die Schüler sollen den Inhalt des Textes lesen und die Inhalte selbständig erschließen.
3.) Die Schüler sollen ihr Leseverstehen nachweisen, indem sie aus vorformulierten Antworten zum Text (*Multiple Choice*) die richtige Antwort auswählen und die wichtigsten Orte herausschreiben.

1

4.) Die Schüler sollen über den Text kommunizieren, indem sie sich zu vorgegebenen Satzmustern auf einem *questionnaire*[1] gegenseitig befragen und die Antworten schriftlich festhalten.

5.) Die Schüler sollen in Gruppenarbeit ihre Arbeitsergebnisse in der Zielsprache mündlich vortragen.

3. Literatur:

Primärliteratur:
Englisch G 21. B2 für Realschulen. Mannheim: Cornelsen 2007. S.58 - 59.

Sekundärliteratur:

Doff, Sabine/**Klippel**, Friederike: *Englisch Didaktik. Praxishandbuch für die Sekundarstufe I und II.* Berlin: Cornelsen Scriptor 2006, S. 84 ff..

English G 2000 A 3 für Realschulen. Berlin: Cornelsen 1999. S. 26 ff..

Grieser-Kindel, Christin/**Henseler**, Roswitha/**Möller**, Stefan (Hrsg.): *Method Guide. Schüleraktivierende Methoden für den Englischunterricht in den Klassen 5 – 10.* Paderborn: Schönigh 2006.

Haß, Frank (Hrsg.): *Fachdidaktik Englisch. Tradition-Innovation-Praxis.* Stuttgart: Klett 2006. S. 83 – 91.

Hermes, Liesel: Leseverstehen. In: Timm, Johannes-P. (Hrsg.): *Englisch Lernen und lehren. Didaktik des Englischunterrichts.* Berlin: Cornelsen 2007. S. 229 – 236.

Kieweg, Werner: *Möglichkeiten zur Verbesserung der Hörverstehenskompetenz.* In: Der fremdsprachliche Unterricht – Englisch, 2003, Heft 64/65, S. 23 -27.

Kiewig, Werner: *Sprechaufgaben konzipieren.* In: Der fremdsprachliche Unterricht – Englisch, 2007, Heft 90, S. 14 – 18.

Niedersächsisches Kultusministerium: *Kerncurriculum für die Realschule.* Schuljahrgänge 5 - 10. Englisch. Hannover: Unidruck 2006.

Niedersächsisches Kultusministerium: *Materialien für kompetenzorientierten Unterricht im Sekundarbereich I: Englisch.* Hannover: Unidruck 2008.

---

[1] Mit *questioning activities* bezeichnet man unter anderem Umfragen in der Klasse, durch die bestimmte Informationen zusammengetragen werden (vgl. Doff/Klippel 2007, S. 106)

4. Verlaufsplan

Zeit/Phase/Lernziele	Unterrichtsschritte	Arbeits-/Sozialform	Medien
9. 20-9.28 Uhr (ca. 8 Min.) **Einstieg/Warming up** *Pre-reading activity* **LZ 1**	- Begrüßung der Schüler - L legt Folie auf und spielt Musik ein. - L fordert S auf: *Listen to the song and look at the picture. What do you think the text will be about?* - S hören dem Lied zu, betrachten das Bild und denken über die gestellte Frage nach. - L fordert S auf: *Stand up, find a partner, talk about the question: What do you think the text will be about?* - S stehen auf, suchen sich einen Partner, tauschen sich über die gestellte Frage aus. - L beendet die Kommunikationsphase und fordert einige S. auf, die Vermutungen über den Inhalt des Textes wiederzugeben. - S geben ihre Vermutungen aus dem Gespräch wieder.	Frontal Marktplatz GU	Cd-Player Cd Folie: Wales OHP
9.28-9.38 Uhr (ca. 10 Min.) **Erarbeitung** *While-reading activity* **LZ 2 und LZ 3**	- L teilt den Text „Wales" aus. - S lesen den Text für sich alleine. - L teilt das AB aus. - S bearbeiten das AB.	EA	Text AB
9.38-9.46 Uhr (ca. 8 Min.) **Sicherung**	- S stellen die Ergebnisse der ersten Aufgabe (*Multiple Choice*) vor. - L legt die Folie von Wales wieder auf. - S lesen die Ergebnisse der zweiten Aufgabe vor. - L hält die Plätze (*castle, Millenium Stadium, National Park, valley,*	Redekette Frontal	AB Folie: Wales Tafel

3

Zeit/Phase	Aktivität	Sozialform	Medien/Material
	Mountain Railwy, beach) an der Tafel fest.		
	- Danach legt L eine andere Folie auf und zeigt den S wo Wales liegt.		Folie: Karte
9.46-9.58Uhr (ca. 12Min.) **Vertiefung/Weiterführung** *Pre-reading activity* **LZ 4**	- L erzählt den S, dass sie Wales am Wochenende besuchen werden.	Frontal	
	- L erklärt Arbeitsauftrag: *Think about which places you would like to visit on Saturday and on Sunday and who and what you would like to take with you.*		*questionnaire*
	- L teilt *questionnaire* aus. - S gehen herum, befragen sich gegenseitig uns halten die Ergebnisse auf einem *questionnaire* fest.	PA	
	Differenzierung: Stärkere S können mehr aufschreiben und mehr S befragen, schwächere S befragen weniger S und schreiben weniger auf.		
9.58-10.03 Uhr (ca. 5 Min.) **Sicherung** **LZ 5**	- L beendet mit einer Glocke diese Phase. - L gibt den Auftrag, sich eine Gruppe zu suchen und die Ergebnisse vorzustellen. - S stellen sich gegenseitig die Ergebnisse der Befragungen vor.	GA	*questionnaire* Glocke
10.03-10.05 **Schlussritual**	- L fordert die S auf, zu ihren Plätzen zurückzugehen und ihre ABs in die Mappe zu heften. - L spielt walisisches Lied noch einmal ein.		ABs Mappe Cd-Player Cd

5. Anhang:

1. Text *"Wales"*
2. Multiple Choice
3. Multiple Choice mit Differenzierung
4. *Questionnaire*

Wales

Wales is part of the United Kingdom. Wales is England's neighbour in the west. About 3 million people live there. People in Wales normally speak English. But many people speak a second language which is called Welsh.

The capital of Wales is Cardiff. More than 300,000 people live here. Cardiff is great for shopping. You can also visit the "Millenium Stadium". The stadium was built in the year 1999 for the Rugby World Cup. More than 75,000 people can watch a rugby match in the stadium. The Welsh love rugby. It is similar to football, but you play it with an oval ball.

There aren't many cities in Wales. The other two larger cities are Swansea and Newport. As a tourist there is a lot to do in Wales. You can visit many castles or ride the Mountain Railway. Wales has got beautiful valleys where you can see many hills and sheep. If the weather is fine people go swimming at the beaches. Another attraction is the Brecon National Park with its nice countryside.

If you visit Wales try to learn a little Welsh!

Croeso I Gymru!
Welcome to Wales!

Multiple Choice

1.) Wales is part of…

a) England.
b) the United Kingdom.
c) Scotland.

2.) People in Wales normally speak…

a) English
b) Welsh
c) French.

3.) Rugby is similar to…

a) hockey.
b) football.
c) Tennis.

4.) The other two larger cities are Swansea and…

a) New York.
b) Newport.
c) New England.

5.) Wales has got beautiful valleys where you can see…

a) many hills and people.
b) Many hills and valleys.
c) Many hills and sheep.

6.) If the weather is fine people go swimming at…

a) the beaches.
b) the lakes.
c) the see.

Places to go in Wales

Read the text and look for places to visit in Wales.

1.) Cities: _____   _____   _____

2.) In Cardiff: You could visit the _____

3.) What you could do as a tourist. You could...

    a) visit _____

    b) ride the _____

    c) see beautiful _____

    d) go swimming at the _____

    e) see the B_____

Multiple Choice

7.) Wales is part of…

d) England.
e) the United Kingdom.
f) Scotland.

8.) People in Wales normally speak…

d) English
e) Welsh
f) French.

9.) Rugby is similar to…

d) hockey.
e) football.
f) Tennis.

10.)   The other two larger cities are Swansea and…

d) New York.
e) Newport.
f) New England.

11.)   Wales has got beautiful valleys where you can see…

d) many hills and people.
e) Many hills and valleys.
f) Many hills and sheep.

12.)   If the weather is fine people go swimming at…

d) the beaches.
e) the lakes.
f) the see.

Places to go in Wales

Read the text and look for places to visit in Wales.

1.) Cities: _____ _____ _____

2.) In Cardiff. You could _____.

3.) What you could do as a tourist. You could…

    f) visit _____

    g) _____

    h) _____

    i) _____

    j) _____

Questions	Name_____	Name_____	Name_____	Name_____	Name_____	Name_____
1.) What would you like to visit on Saturday?						
2.) What would you like to visit on Sunday?						
3.) What would you like to take with you? (Sunglasses, bathing suit, book etc.)						
4.) Who would you like to take with you? (A friend, a family member, a pet,…)						

Tell your partner about your classmates like this:

1.) On Saturday … would like to visit the…
2.) On Sunday he/she would like to visit the…

3.) She/He would like to take his/her … to Wales.
4.) She/He would like to take a … to Wales.

11